KLETTERSTEIGGEHEN

PIT SCHUBERT

Klettersteiggehen

Ausrüstung • Technik • Sicherheit

Mit 71 Farbfotos und
8 Skizzen

BERGVERLAG ROTHER GMBH · MÜNCHEN

Umschlagbild und Bild gegenüber dem Innentitel (Seite 2):
Auf dem Reinhard-Schiestl-Klettersteig am Burgstein,
im Ötztal, nahe Längenfeld.

Alle Fotos stammen von Pit Schubert,
außer den Abbildungen auf
S. 40 und 49 (Peter Hoff).

Skizzen:
Georg Sojer

2. Auflage 2005

ISBN 3-7633-6019-0

Zur Konzeption dieser Lehrschrift

Der Leser erfährt alles, was an Wissen und technischem Rüstzeug benötigt wird, um seine ersten Schritte auf Klettersteigen sicher antreten zu können. Darüber hinaus kann die Lehrschrift gerade auch dem Erfahreneren wertvolle Hinweise vermitteln, insbesondere zum neuesten Stand der Ausrüstung und Sicherungstechnik. Auf diesem Gebiet hat sich in den letzten Jahren Wesentliches getan. Die Sicherung heute bietet erheblich mehr Überlebenschancen bei einem Sturz als noch vor einem Jahrzehnt. Nach dem Motto, irgendein Seilstück oder eine Reepschnur und ein Karabiner »haben es bisher immer getan, warum jetzt etwas Neues?« sollte auf Klettersteigen nicht verfahren werden. Die frühere Ausrüstung war nur ein Notbehelf und konnte im Ernstfall versagen.
Die Lehrschrift kann jedoch nicht alles vermitteln, was sonst noch an Wissen gebraucht wird, z.B. für den Zu- und Abstieg über Schneefelder oder das Wissen, wie man im Notfall biwakiert und im Ernstfall einen Wettersturz im Hochgebirge übersteht. Wer sich auch dieses Wissen aneignen will, sei auf die übrigen Lehrschriften im gleichen Verlag bzw. auf die einschlägige Fachliteratur verwiesen.

Auf dem unteren (leichteren) Teil des Kaiser-Max-Klettersteigs an der Martinswand (nahe Innsbruck).

Inhaltsverzeichnis

Rechts: Auf dem Fernau-Klettersteig am Egesengrat (Stubaier Alpen), nahe der Dresdner Hütte; einer der Klettersteige, die nach dem neuesten Stand der Technik errichtet sind.

Wissenswertes zu Beginn

Das Klettersteiggehen boomt. Nicht nur bei uns, mittlerweile auch in der Schweiz und noch mehr in Frankreich. In den Dolomiten war dieser Boom schon immer festzustellen. Galt Frankreich noch bis vor wenigen Jahren als sozusagen »klettersteigfrei«, werden dort inzwischen jährlich zwischen zwei und drei Dutzend (!) neue Klettersteige errichtet, insbesondere von Kommunen und Seilbahngesellschaften. Es dürften kommerzielle Interessen dahinter stehen.

Auch bei uns, im nördlichen Alpenanteil, entstehen jährlich neue Eisenwege, wenn auch in weit geringerem Ausmaß als in Frankreich. Waren es früher die Alpenvereine, die die Wege auf steilere Berge den weniger extremeren Mitgliedern erleichtern wollten, so sind es auch bei uns heute Kommunen und Seilbahngesellschaften, die Klettersteige errichten, seien es kürzere an Übungsfelsen, längere und extremere in hochalpinem Gelände oder Klettersteige mit besonders sportlichem Charakter, die man inzwischen, dem Trend der Zeit folgend, »Sportklettersteige« nennt.

Wenn man einen der neueren Klettersteige an einem schönen Wochenende begeht – sei es den Johann-Steig an der Dachstein-Südseite oder die beiden Klettersteige bei Längenfeld im Ötztal – wird man erkennen, dass eine beachtliche Nachfrage besteht. Nicht anders die Erkenntnis bei Begehung der Alpspitz-Ferrata im Wetterstein, oberhalb von Garmisch, um ein weiteres Beispiel zu nennen. Dieser Klettersteig ist zwar schon wesentlich älter, kann sich aber mit seiner technischen Ausstattung ohne weiteres mit den neueren Klettersteigen messen, wenn er auch weniger schwierig und dafür mit etwas zu viel Eisen bespickt ist. Auf den neueren Klettersteigen, insbesondere auf den Sportklettersteigen, geht es dagegen diesbezüglich eher etwas spartanischer zu.

Sind die Sicherungsanlagen der Alpenvereinswege nicht immer in bestem Zustand (es besteht eine gesetzlich verankerte Verkehrssicherungspflicht, siehe ausführlich Seite 57–62), so kann man den neueren »Vie Ferrate« überwiegend einen guten Sicherheitsstandard bescheinigen. Sehr zur Freude aller Begeher. Denn ausgefranste und lockere Drahtseile, wackelige Trittbügel oder gar Leitern sind wenig einladend. Schließlich geht es um die eigene Sicherheit!

Links: Lehner-Wasserfall-Klettersteig im Ötztal, nahe Längenfeld; diese Passage sieht schwieriger aus als sie wirklich ist.

Zu den Voraussetzungen

Viel ist nicht notwendig. **Trittsicherheit und Schwindelfreiheit** sollte man wie für jede Bergbesteigung mitbringen. Auch weniger trainierte Armkraft reicht in der Regel für einfachere Klettersteige aus. Man macht sehr bald die Erfahrung, dass es besser ist, mehr die Beine einzusetzen als die Arme, da erstere kräftiger sind und nicht so schnell ermüden. Man wird recht schnell die Arme mehr zur Gleichgewichtsunterstützung verwenden. Das alles lernt sich sozusagen von ganz allein.
Die **richtige Ausrüstung** sollte natürlich nicht fehlen. Die Handhabung ist denkbar einfach. Und wenn man die modernen Klettersteigsets mit eingenähten Klettersteigkarabinern und ebenso angebrachter Anseilschlinge oder ein Schraubglied verwendet (siehe Seite 20), braucht man nicht einmal mehr das Knüpfen eines Knotens zu beherrschen.
Den Rest besorgt das **Gefühl für die Schwerkraft**, das jedem Menschen von der Natur mit in die Wiege gelegt wird. Die neueren Klettersteige warten meist gleich am Anfang oder wenigstens kurz oberhalb des Einstiegs mit einer »scharfen« Passage auf. Einige sogar mit der schwierigsten Stelle. So merkt der Aspirant sofort, worauf er sich eingelassen hat. Manche Klettersteige weisen nach dieser Passage einen Notausstieg auf für die, die die Passage zwar mit Hängen und Würgen geschafft, aber doch erkannt haben, dass dieser Klettersteig noch eine Nummer zu groß ist. Man kann dann später mit mehr Armkraft und besserer Kondition wiederkommen.
Natürlich wird ein weniger erfahrener Anfänger, wenn er das erste Mal am Einstieg eines der schärferen Klettersteige steht und den ersten Überhang in Augenschein genommen hat wie z.B. den am Johann-Steig an der Dachstein-Südseite, eventuell leichte Zweifel bekommen. Wer aber das, was er sich an weniger schwierigen Klettersteigen zuvor angeeignet hat, auch dann richtig und konsequent anzuwenden weiß, dem wird das gesteckte Ziel kaum zu hoch hängen. Man braucht ja nicht zu Beginn seiner Klettersteiglaufbahn gleich die längsten und unübersichtlichsten Vie Ferrate anzugehen und auch nicht die in hochalpinem Gelände. Wenn man mit kürzeren und leichteren in Talnähe beginnt und dies bei gutem Wetter, dürfte auch ein Anfänger nicht überfordert sein. Steigerungen sind jederzeit möglich. Am besten immer zunächst mit der Steigerung der Schwierigkeit beginnen, und dies an kürzeren Klettersteigen. Sollte man

sich verschätzt haben, kann man umkehren. Erst später mit der Steigerung der Länge und der Exponiertheit sowie mit solchen in hochalpinem Gelände beginnen, denn bei letzteren kommen in der Regel Schneefelder hinzu, über die auf- oder abgestiegen werden muss, was sicheres Steigeisengehen notwendig machen kann.

Natürlich braucht der »Ferratist« oder der »Verticalo« – wie die Klettersteigfreaks inzwischen auch genannt werden – **ausreichende Informationen**, um nicht blindlings in ein Abenteuer zu geraten. Dem kann durch Studium der entsprechenden Führerliteratur abgeholfen werden. Diese gibt Hinweise auf Schwierigkeitsgrad, Ausgesetztheit, Länge, übliche Begehungszeit, Exponiertheit, Höhenlage und – meist in blumiger Ausdrucksweise – auch auf die zu erwartenden Anstrengungen.

Auf dem unteren (leichteren) Teil des Kaiser-Max-Klettersteigs an der Martinswand, nahe Innsbruck.

Ohne einen gewissen Ehrgeiz ist auch am Berg kein Blumentopf zu gewinnen. Es sollte jedoch **kein übertriebener Ehrgeiz** sein. Jederzeit das richtige Maß zu finden, ist nicht gerade leicht. Diesbezügliche Hinweise zu geben, ist keineswegs leichter. Solche Hinweise können auch falsch ausgelegt werden. Am besten ist immer noch das eigene Gespür. Fühlt man sich – ohne Übertreibung versteht sich – den Schwierigkeiten bei gutem Wetter gewachsen, sollte man den Einstieg durchaus wagen. Hat man dagegen »Federn« und/oder ist das Wetter unsicher, sollte man die Finger davon lassen. Man sollte sich auch nicht scheuen, einmal umzukehren, wenn einem der Schneid fehlt oder mittendrin abhanden gekommen ist. Auch dann nicht, wenn andere dafür nur Unverständnis zeigen. Es geht um die eigene Haut. Man soll am Berg im Zweifelsfall nie seinen eigenen Bedürfnissen zuwiderhandeln.

Auf dem Lehner-Wasserfall-Klettersteig im Ötztal, nahe Längenfeld.

Auf dem Reinhard-Schiestl-Klettersteig im Ötztal, nahe Längenfeld.

Bei **Gewittergefahr** sollte grundsätzlich jeder Klettersteig gemieden werden. Ein Drahtseil ist nichts anderes als ein Blitzableiter, in dessen Bereich man sich bei Blitzgefahr – wie hinlänglich bekannt – nicht aufhalten soll. Darauf sei hier explizit hingewiesen, obwohl im Kapitel »Gefahren durch Blitzschlag« ausführlich darauf eingegangen wird. Es ist einer der häufigsten Fehler, der Klettersteigbegehern unterläuft, bei Gewittergefahr einen Klettersteig zu gehen. Durch die vielen Blitzschutzanlagen, von denen der Mensch tagtäglich umgeben ist, ist das Gespür für die Gefahr abhanden gekommen.

Sicherungstechnische Ausrüstung

Nur eine »**Klettersteigbremse**« eignet sich zur Selbstsicherung auf Klettersteigen.*) Das durch eine geeignete metallene Lochplatte (= **Bremsplatte**) hindurchgeführte Seil- oder Bandstück wird bei Sturzbelastung eine bestimmte Länge durch diese durchgezogen und reduziert so die Fangstoßkraft auf ein körperverträgliches Maß. Klettersteigbremsen sind genormt (EN 968); in der EU werden nur normgeprüfte angeboten. Das CE-Zeichen auf der Hartware wie auf dem Beipackzettel ist ein Zeichen für die Normkonformität.

Gemäß Norm dürfen nur vom Hersteller in die Bremsplatte eingeschlaufte Klettersteigbremsen angeboten werden (weil der Seildurchmesser bzw. der Querschnitt des Textils in Verbindung mit dessen Steifigkeit auf die Öffnungen in der Lochplatte abgestimmt sein müssen). Das Einschlaufen irgendeines anderen Seilstückes oder Bandes ist nicht zulässig, weil dies höhere oder niedrigere Bremskräfte zur Folge hat; beides könnte bei Sturzbelastung zu Verletzungen führen.

Es werden zwei Typen von Klettersteigbremsen angeboten: die **V-Form** und die **Y-Form**; beide sind normkonform, doch nur die Y-Form ist empfehlenswert. Das Umhängen der Karabiner an den Verankerungen kann kraft- und zeitsparender erfolgen (Zeichnung) und bei Sturz besteht Redundanz, weil beide Karabiner eingehängt sein können. Sollte bei Sturzbelastung ein Karabiner beim plötzlichen Stopp an der nächsten Verankerung brechen (die Karabiner sind noch die Schwachstelle des Sicherungssystems), ist ein zweiter Karabiner vorhanden, der die restliche Fallenergie aufnehmen kann. Bei Verwendung der V-Form dagegen darf immer nur ein Karabiner eingehängt sein, ausgenommen beim kurzzeitigen Umhängen an den Verankerungen (Zeichnung); andernfalls würde die Bremsplatte bei Sturzbelastung blockieren. Außerdem ist die Handhabung der V-Form sehr umständlich.

---

*) Die früher häufig verwendete Reepschnur mit Karabiner war immer nur ein Notbehelf für wenig ausgesetztes Gelände, wo kein richtiggehender freier Sturz möglich ist. Bei einem wirklich freien Sturz besteht bei Verwendung einer Reepschnur als Selbstsicherung schon bei geringer Sturzhöhe Bruchgefahr. Ein 11 mm dickes Seilstück würde zwar halten, doch kann die Fangstoßkraft aufgrund der kurzen Seillänge eine Größenordnung erreichen, die das körperverträgliche Maß überschreitet (weil sich das kurze Seilstück nicht ausreichend dehnen kann); Wirbel- und andere innere Verletzungen können die Folgen sein.

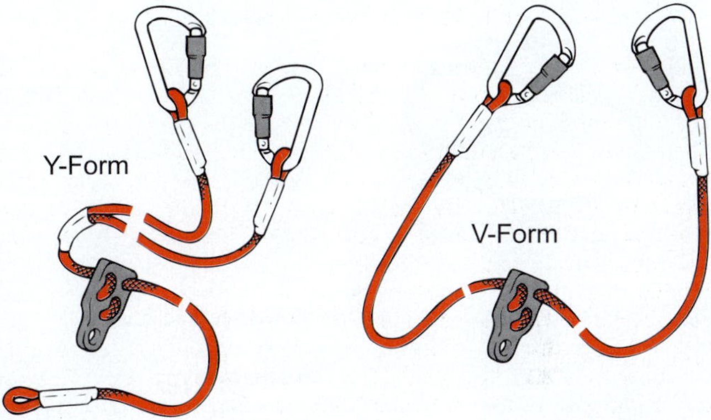

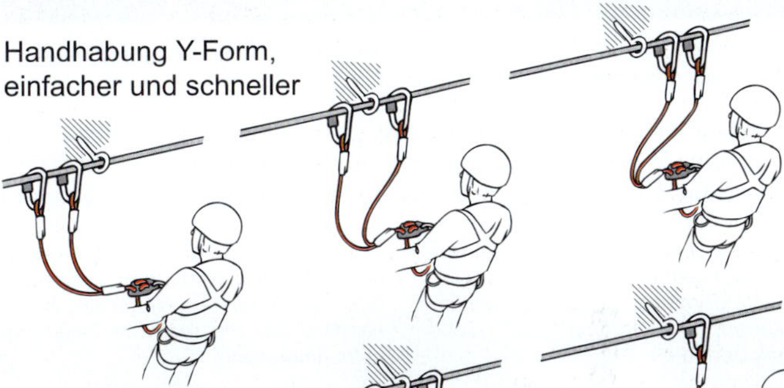

Handhabung Y-Form, einfacher und schneller

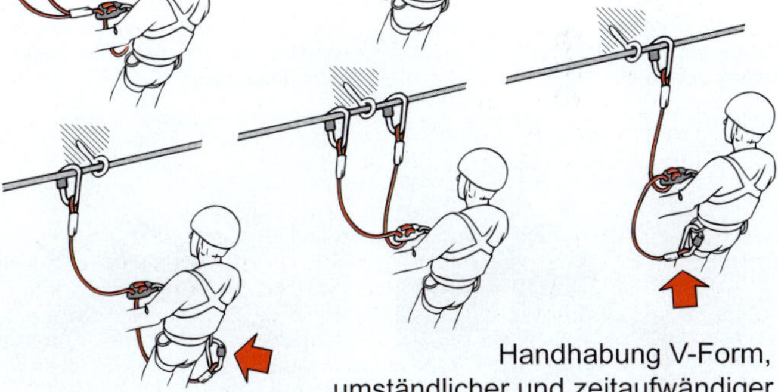

Handhabung V-Form, umständlicher und zeitaufwändiger

Zwei typische Klettersteigsets in Y-Form mit eingenähten Klettersteigkarabinern, das rechte Set mit eingenähter Anseilschlinge.

Alle Hersteller bieten auch die bessere Y-Form an. Einige haben die althergebrachte V-Form zwar noch im Programm, es ist aber damit zu rechnen, dass die V-Form über kurz oder lang vom Markt verschwinden wird.

V-Form: Nur ein Karabiner darf jeweils eingehängt sein (andernfalls würde die Klettersteigbremse bei Sturzbelastung blockieren). Ein Karabinerbruch würde Absturz bedeuten.

Y-Form: Beide Karabiner können eingehängt sein, was Redundanz bedeutet = bricht ein Karabiner, ist ein zweiter vorhanden, der die restliche Fallenergie aufnehmen kann.

Zwei Karabiner vermitteln auch rein optisch mehr Sicherheit.

Zum Einhängen am Drahtseil dienen **Klettersteigkarabiner** (EN 12275). Es sind Karabiner mit höherer Bruchkraft als Normalkarabiner und sie sind mit einer automatischen Verschlusssicherung versehen. Sie sind gekennzeichnet mit einem eingekreisten »K« oder mit der Bezeichnung »Klettersteig« auf dem Karabiner und auf dem Beipackzettel. Außerdem ist die Bruchkraft angegeben. Karabiner mit einem möglichst hohen Bruchkraftwert sind vorzuziehen (da so manche Karabiner nach wie vor die Schwachstelle im Sicherungssystem darstellen).

Meist werden die Karabiner heutzutage schon gemeinsam mit der Klettersteigbremse als so genanntes **Klettersteigset** angeboten. In diesem Fall kann davon ausgegangen werden, dass es die richtigen (normgerechten) Klettersteigkarabiner sind.

Die Karabiner können unterschiedliche Verschlusssicherungen aufweisen. Die Handhabung ist gewöhnungsbedürftig, vor allem für zarte Damen- und Kinderhände. Beim Kauf im Sporthaus sollte man die Handhabung ausprobieren und sich dabei vorstellen, dass man das Karabineröffnen je nach Länge des Klettersteigs an die hundert Mal oder auch noch öfter zu Wege bringen muss.

Sollten Schnapper und Verschlusssicherung mit der Zeit klemmen, dann kann ein Tropfen Öl Wunder wirken. Sollten dabei die Seil- oder Bandstücke mit dem Öl in Berührung kommen, besteht kein Grund zur Sorge: Öl schadet den Textilfasern (Perlon, Nylon) nicht.

Klettersteigkarabiner mit unterschiedlichen Verschlusssicherungen – Handhabung beim Kauf ausprobieren.

Sind die Karabiner nicht im Klettersteigset integriert, muss man darauf achten, dass nur ausgewiesene Klettersteigkarabiner verwendet werden. Mit anderen, insbesondere mit (Normal-)Karabinern (ohne Verschlusssicherung), besteht schon bei einem kleinen Sturz Bruchgefahr.
Die beiden Seil- oder Bandstücke müssen am jeweiligen Karabiner an dessen kleinerer Rundung fixiert sein (andernfalls kann es zur ungünstigen Karabinerquerbelastung kommen, die zum Bruch führen kann).

Verschiedene Befestigungsmöglichkeiten für Klettersteigkarabiner.

Beim Klettersteigset in Y-Form sind immer beide Karabiner eingehängt, lediglich beim Unhängen ist man kurzzeitig nur mit einem gesichert.

Alle **Knoten** können sich lösen, insbesondere die, mit denen die Karabiner am Seilstrang befestigt sind. Auch bewusst und kräftig festgezogene Knoten und auch solche, deren Seilende mit Klebeband, Schrumpfschlauch oder was auch immer »gesichert« sind, können sich lösen, wie bedauerliche Unfälle gezeigt haben. Diese Art von »Sicherung« lässt in ihrer Wirkung auch bald nach, insbesondere Klebeband bei Feuchtigkeitseinwirkung. Deshalb empfehlen sich nur Klettersteigsets mit fest verbundenen, meist eingenähten, Karabinern. Die Nähte sind kein Sicherheitskriterium.

Klebeband und Schrumpfschlauch sind keine Lösungen, insbesondere Schrumpfschlauch nicht, weil dieser das Seilendstück auch noch verbirgt (keine Kontrollmöglichkeit, siehe die beiden rechten Bilder).

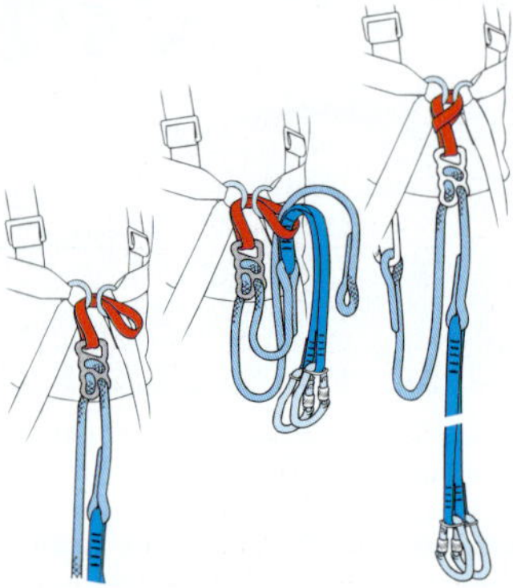

Was für die Befestigung der Karabiner gilt, ist natürlich auch zwischen Klettersteigbremse und Anseilgurt zu beachten: Auch an dieser Stelle können sich Knoten lösen, wie mehrere Unfälle gezeigt haben.
Deshalb sollten nur Klettersteigsets mit **integrierter Rundschlinge** (rot in Zeichnung und Foto oben) verwendet werden. Die Rundschlinge wird mittels Ankerstich am Anseilgurt befestigt.
Auch mit einem **Schraubglied** (auch Schließring oder »Maillon rapide«) lassen sich Klettersteigsets am Anseilgurt befestigen (Fotos unten). Diese Schraubglieder werden nur von wenigen Herstellern, die Klettersteigsets anbieten, vertrieben. Die Verschlussschraube ist derart schwergängig, dass sie sich nicht selbsttätig lösen kann. Auf eine Bruchkraftangabe achten, nicht unter 10 kN!

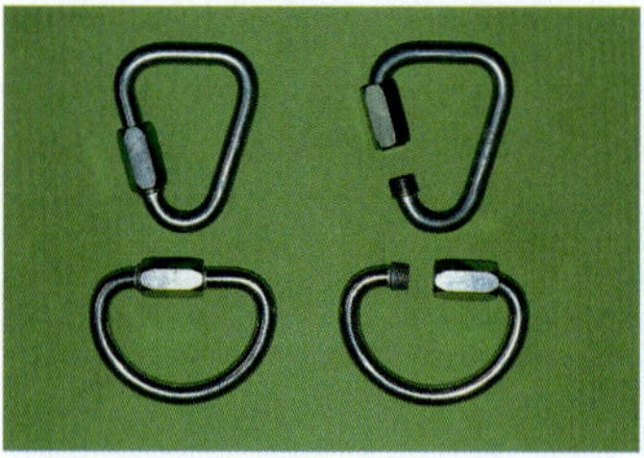

Wer sein Klettersteigset noch mittels **Seil-, Band- oder Reepschnurring** am Anseilgurt befestigen will, sollte auf jeden Fall ein ausreichend langes Stück verwenden (nicht unter 2 m) und zwei getrennte Knoten anbringen (Zeichnungen rechts). Auf diese Weise besteht Redundanz: Geht der äußere Knoten auf, ist noch ein zweiter da, der die Funktion des ersten nahtlos übernehmen kann. Man wird auch die langen, herumbaumelnden Enden sehr bald bemerken und so feststellen, dass sich ein Knoten gelöst hat. Während des Kletterns immer wieder einmal den Knoten überprüfen.

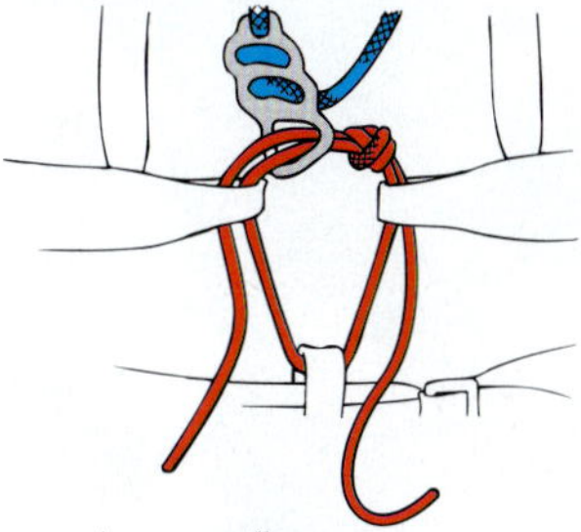

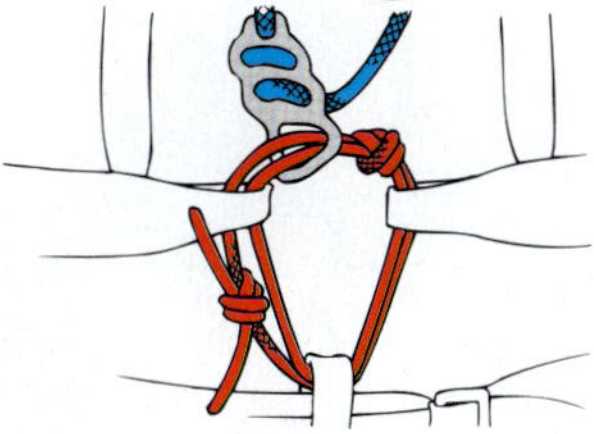

Keinesfalls sollte zum Befestigen des Klettersteigsets ein Karabiner verwendet werden. Karabiner können ungünstig, unter anderem quer, belastet werden und weisen unter diesen Bedingungen eine auffallend niedrige Bruchkraft auf, die keiner Sturzbelastung, wie sie auf Klettersteigen auftreten kann, gewachsen ist. Dies gilt genauso für Karabiner mit Verschlusssicherung (die nur die Aufgabe hat, ein ungewolltes Öffnen des Karabiners zu verhindern; einen Bruch kann sie nicht verhindern).

Als Anseilgurt empfiehlt sich nach wie vor ein **Hüftgurt in Verbindung mit einem Brustgurt** oder ein **Komplettgurt**. Dies insbesondere, wenn ein Rucksack getragen wird. Die alleinige Verwendung eines Hüftgurtes nimmt zwar auch bei Begehung von Klettersteigen zu, doch wird dabei übersehen, dass Klettersteigbegeher kein Sturztraining hinter sich haben, wie es bei Sportkletterern der Fall ist (für die die Verwendung eines Hüftgurts ohne Brustgurt bei ausreichendem Können vertretbar ist). Jeder unkontrollierte Sturz, wie er auf Klettersteigen auftreten kann, beinhaltet bei alleiniger Verwendung eines Hüftgurtes beachtliche Verletzungsgefahren. Auch die alleinige Verwendung eines Brustgurtes ist gefahrenträchtig; insbesondere bei Kindern, die aufgrund ihrer noch schwach ausgebildeten Schultern aus dem Brustgurt rutschen können.

Übrige Ausrüstung

Ein **Helm** ist unumgänglich! Alle Bergsteiger- bzw. Kletter-Helme, die auf dem Markt angeboten werden, sind normgeprüft (andere dürfen in der EU nicht verkauft werden). Alle lassen sich auf die Kopfgröße einstellen. Das Kinnband sollte sich problemlos schließen und öffnen lassen (im Sportgeschäft erproben); andernfalls kann dies zu einer lästigen Fummelei werden. Auf das Herstellungsdatum und auf die zeitliche Länge der zulässigen Verwendung achten; beides muss auf der jedem Helm beiliegenden Gebrauchsanleitung angegeben sein.

Schwere Bergstiefel sind für Klettersteige nicht das Richtige; nur dann, wenn der Zu- und/oder Abstieg über Gletscher führt, muss man sie in Kauf nehmen. **Leichtbergschuhe** sind das richtige. Seit kurzem werden spezielle **Klettersteigschuhe** angeboten, die im Grunde nichts anderes sind als solche Leichtbergschuhe Marke »Allrounder« (die schon seit wenigstens zwei Jahrzehnten auf dem Markt sind). Auf jeden Fall sollte der Schuh nicht zu weich sein. Empfehlenswert ist der eher etwas festere Schuh, damit man beim Zu- und Abstieg im Geröll, auf Schnee, Gras oder wo auch immer genügend Halt findet, vor allem auf den Trittbügeln und Trittstiften der Klettersteige.

Links: Auf dem Schlicker Klettersteig an der Großen Ochsenwand in den Kalkkögeln. Unten links: Auf Trittbügeln und Stiften findet man mit festeren Schuhen besseren Halt; unten rechts: Reibungskletterschuh für Klettersteige ohne künstliche Tritte.

Auf »schärferen« Klettersteigen dagegen, wo keine künstlichen Tritte (Bügel, Stifte) sind, wo man also häufig auf die Sohlenreibung am Fels angewiesen ist – wie am oberen Teil des Kaiser-Max-Klettersteigs an der Martinswand nahe Innsbruck (höchster Schwierigkeitsgrad: »extrem schwierig«) – sind weichere Schuhe, richtiggehende Reibungskletterschuhe, so genannte Slicks, wie sie Sportkletterer tragen, besser. Man braucht dann gegebenenfalls für den Zu- und Abstieg zusätzliche Schuhe. Ein grundsätzlicher Hinweis zu Schuhen: Je weniger Nähte ein Schuh aufweist (viele Schuhe haben sogar Ziernähte!), desto weniger können sich aufscheuern und Feuchtigkeit durchlassen.
Handschuhe sind empfehlenswert! Sie verhindern einerseits eine schnelle Blasenbildung und schützen andererseits vor Verletzungsgefahr an aufgespleißten Drahtseilen oder sonstigen verletzungsträchtigen Teilen der Sicherungsanlage. Es sollten vorzugsweise weiche Handschuhe sein, und sie sollten nicht zu eng sitzen. Bei steiferen (bockigen) und zu engen Handschuhen ermüdet die Finger-, Hand- und Unterarmmuskulatur recht schnell, weil bei jedem Zupacken immer zusätzlich auch der Widerstand des Handschuhes überwunden werden muss.

Die Farbe allein macht es noch nicht; es gilt mehr zu beachten.

Es sollen weiche und nicht zu eng sitzende Handschuhe sein (wie hier gezeigt).

Oben: Fingerschutz knapp ausreichend. Unten: Fingerschutz zu kurz, es besteht noch erhebliche Verletzungsgefahr.

Handschuhe mit abgeschnittenen Fingerspitzen sind nicht wirklich nützlich, weil so der Verletzungsgefahr nur zum Teil vorgebeugt wird (das Umschließen eines Drahtseiles lässt sich ohne die Fingerspitzen nicht bewerkstelligen; man mache einen Versuch, der überzeugen wird).
Wenn doch Handschuhe mit abgeschnittenen Fingerspitzen verwendet werden sollen, weil man glaubt, sich so beim Greifen wohler zu fühlen, dann nur den Schutz für das jeweils vorderste Fingerglied abschneiden, mehr nicht (Bild oben rechts). So sind wenigstens das mittlere und das unterste Fingerglied geschützt, wo ohne Schutz die meisten Wasserblasen auftreten.
Es müssen keine kostenaufwändigen Handschuhe sein, die billigen Garten- oder Arbeitshandschuhe, die in jedem Baumarkt erhältlich sind, tun es in der Regel auch.

Die **Bekleidung** wählt man wie für jede Bergtour, abgestimmt auf die Wetterexposition des Klettersteigs (nordseitig, über 1500 m Höhe oder südseitig, in Talnähe) sowie auf die voraussichtliche Wetterentwicklung gemäß Wetterprognose (kälter, unsichere Wetterlage oder wärmer, stabiles Hochdruckwetter).
Ein **Kletterrucksack** ist nicht verkehrt, je nach Menge der Dinge, die man mitführen möchte, vom »Wimmerl« oder »Daybag« bis hin zum 30-Liter-Rucksack. Hinweis: Je mehr man mitschleppt, desto mehr »zieht nach unten« und kostet umso mehr Armkraft. Auf jeden Fall sollte der Rucksack einen Bauchgurt haben, ebenso wie einen Gurt, der die beiden Schulterträger vor der Brust zusammenhält. Nur damit sitzt der Rucksack sicherer am Körper und verstärkt die Kletterbewegungen durch den Masseschwung nicht wesentlich (was andernfalls recht unangenehm ist und zu Nervenverschleiß und frühzeitiger Ermüdung führt). Außerdem kann man so den Rucksack bei einem Sturz nicht verlieren.
Eine **Trinkflasche**, eine kleine **Notfallapotheke** und je nach Exposition des Klettersteigs auch **Wetterschutz** und **Reservewäsche** sind anzuraten. Und wenn man diese nur dazu verwendet, einem Verletzten oder Geschwächten, auf den man trifft, helfen zu können.
Wenn der Zu- und Abstieg über Firnfelder und/oder Gletscher führt, ist die Mitnahme von **Steigeisen**, wenigstens Leichtsteigeisen, anzuraten (die heutzutage auch auf Leichtbergschuhen ausreichenden Halt finden). Grödel sind nur ein Notbehelf, da sie nur Halt zwischen Absatz und Schuhsohle bieten. Den Halt braucht man dagegen unter dem Ballen und am Absatz, und den bieten nur Steigeisen. Es ist ratsam, den sicheren Sitz der Steigeisen vor Antritt der Bergtour zu erproben. Wenn ein Steigeisen öfter vom Fuß fällt, kostet dies Zeit und Nerven. Auch ein **Eispickel** kann hilfreich sein, ist aber beim Transport auf dem Klettersteig meist hinderlich; die neueren **Eisgeräte** mit Schäften um 50 cm Länge lassen sich recht gut transportieren.
Stöcke können für den Zu- und Abstieg hilfreich sein. Es sollten dreiteilige Teleskopstöcke sein, die sich kurz zusammenschieben lassen. Am/im Rucksack sollten sie nicht über den oberen Rucksackrand hinausragen, da sie sonst hinderlich sind oder passierende Bergsteiger gefährden.

Rechts: Ohne Einholung des Wetterberichtes kann man sehr leicht »unerwarteterweise« in einen Wettersturz geraten wie hier auf der Alpspitz-Ferrata (Wetterstein, oberhalb von Garmisch).

Die Praxis auf dem Klettersteig

Zur Anwendung der Klettersteigbremse als Sicherung ist nicht viel zu sagen. Richtig angeseilt und immer beide Sicherungsstränge (Y-Form) ins Drahtseil eingehängt, kann schon nichts besonders Ernstes mehr passieren. Auf **ausreichenden Abstand zwischen zwei Begehern** ist zu achten. Hier werden die meisten Fehler begangen. Die Begeher schließen häufig zu dicht auf. Offensichtlich folgt der Mensch dem Herdentrieb und will mit den anderen beisammen sein. In einem Gefahrenbereich wie dem auf einem Klettersteig scheint der Herdentrieb besonders ausgeprägt zu sein. Bei Sturz des oberen Begehers wird der zu dicht folgende mitgerissen. Der Sturz endet für beide an der nächsten Verankerung (wenn die richtige Ausrüstung verwendet und richtig angewendet wird, andernfalls möglicherweise Bruch und Absturz). Wird der Sturz gestoppt, sind blaue Flecken und Blutergüsse die harmlosesten Verletzungen. Platzwunden, Bänderzerrungen, -rupturen und Frakturen sind nahezu die Regel, insbesondere bei einem etwas größeren Sturz.

Bei so viel Auftrieb lässt sich der Herdentrieb nur schwer unterdrücken.

Es reicht nicht allein, darauf zu achten, dass sich immer nur ein Begeher im Bereich zwischen zwei Verankerungen befindet, man muss sich noch ausreichend weit unterhalb jenes Bereichs befinden, der von einem Stürzenden tangiert werden kann. Die Mitreißgefahr kann aufgrund der Körpergröße und der dynamischen Wirkung der Klettersteigbremse bis vier Meter unterhalb der Verankerung reichen, über der sich der Begeher befindet (Zeichnung).

FALSCH - Mitreißgefahr!

Die Sturzhöhe reicht bis weit unter den unteren Ankerpunkt

Warten, bis der Vorauskletternde seine Sicherung über dem nächsten Ankerpunkt eingehängt hat

So wird es gezeigt und soll wohl so auch richtig sein – und ist doch falsch!

An Einstiegen von manchen Klettersteigen, insbesondere in den Dolomiten, findet man gelegentlich mehrsprachige Hinweistafeln, wie man sich auf Klettersteigen sichern und verhalten soll. Es wird unter anderem mit zwei Zeichnungen darauf hingewiesen, dass man nicht zu dicht aufschließen bzw. genügend Abstand zum Vorausgehenden haben soll – und man zeigt es falsch (siehe Bilder oben)! Wie soll es da ein Anfänger oder weniger Erfahrener lernen? Die einzige Chance besteht darin, dass der Betrachter wie bei einem Suchbild versucht, den Fehler zu finden (und dann darauf kommt, dass beide Zeichnungen falsch sind, die eine noch deutlicher als die andere, wirklich richtig ist keine).
Ist der Drahtseilverlauf horizontal, ist kein besonderer Sicherheitsabstand notwendig. Ein Abstand von zwei Körperbreiten ist trotzdem immer anzuraten, da es bei Sturz des Vorausgehenden zu einem Pendelsturz kommen kann, der den zu dicht Folgenden tangieren kann.
Bei diagonalem Drahtseilverlauf besteht wieder Gefahr wie bei senkrechtem Aufstieg.

Links: Wenn der oberste Begeher stürzt, bekommen dies alle zu spüren, denn der jeweils folgende stürzt auf den jeweils darunter befindlichen, nichts anderes als der Domino-Effekt.

Überholen ist mit Risiko verbunden, wenn die Sicherung kurzzeitig aufgegeben wird.

Zahlreiche Unfälle ereignen sich beim **Überholen** oder beim **Aneinandervorbeigehen**, wenn einer der beiden die Sicherung aufgibt und den Halt verliert. Am besten belassen beide ihre Sicherung am Drahtseil und versuchen aneinander vorbeizukommen. Ist dies nicht möglich und ist eine zusätzliche Schlinge mit Karabiner zur Hand, kann einer der beiden einen Sicherungsstrang verlängern (und muss dann kurzzeitig auf die Sicherung mit dem zweiten verzichten). Man muss sich irgendwie einigen. Auf keine Fall kann ein Begeher erwarten, dass der andere seine Sicherung für das Passieren aufgibt. Bei diesen Situationen kann man sich mit Eispickeln oder Stöcken am Rucksack gegenseitig gefährden.
Benötigen Schwächere – Kinder oder wer auch immer – richtiggehende **Seilsicherung**, dann hat diese nach deren Regeln zu erfolgen. Es würde den Rahmen dieser Lehrschrift sprengen, hier darauf einzugehen. Man schließt sich dann besser einem in diesen Dingen Erfahrenen an (z.B. Bergführer, Hochtourenführer, erfahrener Kamerad). Achtung: Die Begehungszeiten verdoppeln sich, weil immer nur einer klettert.

Rechts: Hier wird es richtig gemacht, der Erste könnte stürzen, ohne dass der Nachfolgende gefährdet wird; Fernau-Klettersteig am Egesengrat.

Schwierigkeitsbewertung

Noch konnte man sich nicht auf eine einheitliche Schwierigkeitsbewertung einigen. Im deutschen Sprachraum sind derzeit drei unterschiedliche Bewertungen in Gebrauch, die sich sehr ähneln.
Paul Werner (»Klettersteig-Atlas«, Bergverlag Rother, München) und Eugen Hüsler (»Klettersteig-Atlas«, J. Berg bei Bruckmann, München) verwendeten bis vor kurzem eine fünfstufige Skala. Durch die neu hinzugekommenen, »modernen« Sportklettersteige schien es beiden notwendig, ihre Skala um eine Stufe zu erweitern, wobei beide einen Grad innerhalb der bisherigen Skala hinzufügten.
Hüsler belässt es bei den Wortbezeichnungen: leicht – mittel schwierig – ziemlich schwierig – schwierig – sehr schwierig – extrem schwierig.
Werner verwendet: KS1 bis KS6, wobei KS1 »sehr einfach« heißt und KS6 »äußerst schwierig bzw. extremer Sportklettersteig«; Werner fügt eine zweite Skala hinzu, die sich auf die alpinen Rahmenbedingungen bezieht: 0 (talnah) bis E (hochalpin). So kann ein Klettersteig z.B. den Grad KS3-B aufweisen. Soweit bei einer Tour in ungesichertem Gelände ge-

Diese Passage liegt im untersten (leichtesten) Schwierigkeitsgrad.

klettert werden muss, wird der Schwierigkeitsgrad nach der UIAA-Skala ergänzt (Ausnahme: Schwierigkeitsgrad I, da dieser beim Begehen von Klettersteigen ohnehin grundsätzlich berherrscht werden sollte).
Kurt Schall (»Klettersteige und leichter Fels«, zwei Bände, Schall-Verlag, Wien) belässt es bei einer fünfstufigen Skala, wobei er eine Buchstabenbezeichnung verwendet: A bis F, wobei unter A = »am leichtesten« und unter »F« = »am schwierigsten« zu verstehen ist.
Alle drei Autoren erläutern ihre Skala und deren Grade ausführlich und durchaus nachvollziehbar. Natürlich wird ein blutiger Anfänger, dem zunächst ein praktischer Vergleich fehlt, mit den einzelnen Graden nicht viel anzufangen wissen. Doch nach Bewältigung des ersten Klettersteigs weiß man dann schon ziemlich genau, wie die einzelnen Grade einzuordnen sind. Natürlich sollte man nicht mit einem der beiden obersten Schwierigkeitsgrade beginnen, um Erfahrung zu sammeln. Das kann ins Auge gehen. Den leichtesten Grad dagegen beherrscht auch ein Anfänger auf Anhieb, sofern er nicht unter einer Tiefenphobie leidet. Ist man sportlich nicht gerade untalentiert, kann gleich mit dem dritten Grad begonnen werden, bei Schall mit dem zweiten.

Diese Passage dürfte im mittleren Schwierigkeitsbereich einzustufen sein.

Mit dem leichtesten Grad werden Wege und Steige bewertet, die meist etwas trassiert sind, teils auf natürlichen Bändern entlang führen oder über gesicherte Brücken. Wenn Leitern vorhanden sind, dann sind diese nicht allzu steil, sodass das Begehen nur wenig Armkraft und nicht allzu viel Können verlangt. Sicherungen sind meist vorhanden. Es ist jedoch vielfach üblich, auf diese zu verzichten und sich nur mit einer Hand am Stahlseil zu halten, des Sicherheitsgefühls wegen. Die Selbstsicherung auch in diesem Gelände zu benutzen, kann nie schaden, da es sich letztlich doch um Absturzgelände handelt; sonst wären keine Drahtseile vorhanden.
Mit dem schwierigsten Grad werden die (extremen) Sportklettersteige bewertet, die vielfach durch steiles, nicht selten auch senkrechtes und leicht überhängendes Gelände führen, deren Begehung häufig nur durch ein Drahtseil erleichtert wird, was intensive Fußarbeit (Reibung!), ja richtiggehende Klettertechnik mit den Füßen und beachtliche Armkraft sowie Gleichgewichtssinn verlangt und, insbesondere auf längeren Passagen, eine beachtliche Portion Kondition. Sicherung ist unerlässlich. Weniger sichere Begeher verwenden gemeinsam mit einem Partner richtiggehende Seilsicherung. Die Ausgesetztheit ist vielfach beachtlich, was heißt, dass der Begeher viel Luft unter den Sohlen hat. In der Regel nichts für schwache Nerven.
Die übrigen vier bzw. bei Schall drei Grade liegen, auf jeweils gleiche Weise abgestuft, dazwischen.
Bei Hüsler und Schall bleibt noch zu unterscheiden, ob sich der Klettersteig irgendwo in Talnähe, sozusagen in der grünen Wiese (zwischen zwei Almböden) befindet, wie der Moristeig im Etschtal, oder im hochalpinen Gelände wie der Augsburger Höhenweg, während Werner diese alpinen Rahmenbedingungen mit seiner zweiten Skala 0 bis E abdeckt (s.o.). Je nachdem sind mehr oder weniger alpine Erfahrung gefragt.
Jede Schwierigkeitsbewertung ist und bleibt schließlich subjektiv. So kann der Eindruck, den Schwierigkeiten auf Klettersteigen vermitteln, durchaus einen halben oder auch einen ganzen Grad von den in der Literatur angegebenen Schwierigkeiten differieren und gerade den Anfänger verunsichern.

Rechts: Im oberen (schwierigeren) Teil des Kaiser-Max-Klettersteigs an der Martinswand, oft senkrecht, häufig abdrängend, teils sogar etwas überhängend, keine künstlichen Tritte = nach Hüsler »extrem schwierig«, nach Werner »KS6«, nach Schall »E« (bei allen drei Autoren der höchste Schwierigkeitsgrad).

Gefahren durch Steinschlag

Auf Klettersteigen muss immer mit Steinschlag gerechnet werden. Dies auch deshalb, weil man selten allein oder der erste auf einem Klettersteig ist. Andere Begeher können sich über einem befinden und unabsichtlich oder fahrlässig Steine lösen. Ein Helm sollte deshalb unabdingbar sein. Vielfach wird die Meinung vertreten, dass derjenige, der einen Stein löst, durch den ein anderer verletzt bzw. geschädigt wird, für den Schaden verantwortlich gemacht werden kann. Dies ist nicht ganz verkehrt, aber es ist auch nicht ganz richtig. Denn die Betonung liegt auf »kann«. Es gibt beachtliche Einschränkungen. Grundsätzlich gilt: Wer einen Klettersteig begeht, verlässt bewusst den sicheren Bereich der Ebene und nimmt ebenso bewusst die Gefahren der Berge in Kauf. Dazu gehört auch Steinschlag. Denn die Gesetze der Schwerkraft gelten auch am Berg. Und Steinschlag kann auch bei größter Vorsicht von anderen ausgelöst werden, weil Steine vielfach labil herumliegen und durch geringe Berührung der Schwerkraft in die Tiefe folgen. Wem dies nicht zusagt, der darf sich nicht auf einen Klettersteig begeben.

Mit Helm ...

Natürlich kann dieses In-Kauf-Nehmen von Steinschlag nicht so weit gehen, dass es uneingeschränkt gelten würde. Denn es gilt auch am Berg wie im Straßenverkehr und wie im Zusammenleben mit anderen Menschen ganz allgemein eine gewisse Vorsicht und Rücksichtnahme: Jeder Klettersteigbegeher muss sich auf einem Klettersteig so verhalten, dass er andere nicht mehr als den unausweichlichen Umständen entsprechend gefährdet. Dies heißt auch, dass man sich nach besten Kräften bemühen muss, das Auslösen von Steinschlag zu vermeiden, indem man sich sorgfältig und vorsichtig bewegt. Wer beispielsweise schlampig und unbedacht durchs Gelände stolpert, dadurch Steinschlag auslöst und so andere verletzt, muss damit rechnen, dass er zur Verantwortung gezogen werden kann. Gleiches gilt für den Fall, dass man seinen Rucksack unachtsam absetzt oder gar fallen lässt und so Steinschlag auslöst.
Die Beweislage wird natürlich häufig auf unsicherem Boden stehen. Denn es gilt, dem Verursacher nachzuweisen, dass er den Steinschlag unachtsam ausgelöst hat. Dies dürfte in der Mehrzahl der Fälle schwierig, wenn nicht gar unmöglich sein.

... oder ohne Helm? – Ohne Helm steigen die Verletzungs- und sinken die Überlebenschancen.

Kinder müssen (wie Erwachsene) durch einen Helm geschützt werden.

In jedem Einzelfall wird auch ein Mitverschulden des vom Steinschlag Getroffenen zu prüfen sein, da sich dieser ja wissentlich und wohl meist auch für ihn erkennbar (andere über ihm) der Steinschlaggefahr ausgesetzt hat. Und dies dürfte in der Mehrzahl der Fälle heißen, dass nur ein Teil der Schadenersatzansprüche zu Recht besteht.
Auch starker Wind und Sturm können labile Steine, die auf abschüssigem Gelände liegen, lösen. Die Martinswand (bei Innsbruck) mit ihrem Kaiser-Max-Klettersteig ist bei Föhnsturm ein typisches Beispiel. Auch Gämsen und anderes Getier, das sich in leichterem Gelände oberhalb tummelt, kann Auslöser von Steinschlag sein.
Dem Erbauer/Erhalter eines Klettersteigs kann nichts angelastet werden. Schließlich kann von niemandem erwartet werden, einen Klettersteig täglich oder in welchem Zeitraum auch immer mit Besen und Kehrschaufel zu begehen, um lose Steine zu beseitigen. So bleibt ein Restrisiko.
Der **Helm** schützt nicht nur vor Steinschlag, sondern auch vor unsanfter Felsberührung bei Sturz. Und schließlich auch vor Beulen am Kopf, die man sich auf überdachten Bändern zuziehen kann und die recht schmerzhaft sein können. – **Schütze deinen Kopf, du hast nur einen!**

Rechts: Hier, am Fernau-Klettersteig (Stubaier Alpen), bewegt man sich oberhalb der 2500-m-Grenze. So ist ein Rucksack mit Reservekleidung für Notfälle nicht verkehrt.

Gefahren durch Blitzschlag

Nirgends am Berg ist die Gefahr eines Blitzschlags so groß wie auf einem Klettersteig, insbesondere in unmittelbarer Nähe eines Drahtseiles. Denn Drahtseile sind im Prinzip nichts anderes als regelrechte Blitzableiter. Wollte man an einem Berg einen Blitzableiter installieren, würde man ein Drahtseil anbringen wie auf Klettersteigen, nur nicht gestückelt, sondern aus einem Stück. Und einen Blitzableiter in der Hand zu haben, wenn ein Blitz einschlägt, kann nur – für jeden nachvollziehbar – mit schwersten Verletzungen, wenn nicht tödlich enden.
Klettersteige sind insofern gefährlicher als vergleichbares alpines Gelände, weil man durch das Drahtseil (Blitzableiter) noch weit entfernt von der Einschlagstelle vom Blitz mehr oder weniger direkt getroffen oder noch »gestreift« werden kann, wie es in der Umgangssprache heißt.
Darüber hinaus sind alle über ihre Umgebung herausragenden Punkte stark blitzschlaggefährdet, insbesondere Gipfel, Graterhebungen, einzeln stehende Bäume usw. In einem Umkreis von etwa 15 Metern um einen herausragenden Punkt ist die Gefahr, von einem Blitz getroffen zu werden, zehnmal größer als in 100 Metern Entfernung. Gipfel, auch Gipfelkuppen, Graterhebungen und einzeln stehende Bäume sollten deshalb bei Gewittern immer gemieden werden.

Im Prinzip nichts anderes als ein regelrechter Blitzableiter.

Jeder einzeln stehende Baum ist gefährdet.

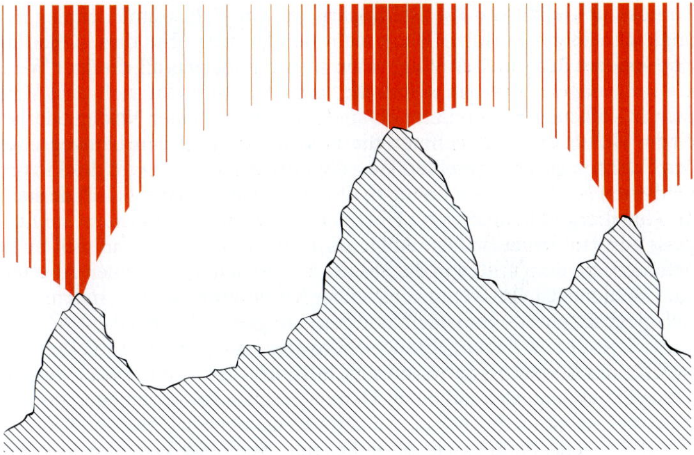

Durch Blitzeinschlag besonders gefährdete Punkte

Mit Gewittern geht in der Regel Regen einher. Das natürliche Bedürfnis des Menschen, sich vor der Feuchtigkeit zu schützen – gerade im Hochgebirge ist Regen immer mit intensivem Kälteeinfluss verbunden –, kann gefährlich werden, wenn man unter Überhängen und in Nischen Schutz sucht. Dann kann der Mensch zur Kurzschlussbrücke werden. Um die Hintergründe dieser Gefahr zu verstehen, bedarf es kurzer Erläuterung: Wenn ein Blitz eingeschlagen hat und für das menschliche Auge unsichtbar geworden ist, ist es damit noch nicht getan. Die elektrische Entladung zwischen Wolke und Erdboden bzw. Fels folgt auf letzteren dem Weg des geringsten Widerstands, im Allgemeinen der Erd- bzw. Felsoberfläche. Der Blitz pflanzt sich als so genannter Feldstrom fort. Da der elektrische Widerstand von Erdboden und Fels weit größer ist als der ionisierter Luft, wird das Potenzialgefälle von Erdboden und Fels eher begrenzt als von der Luft. Die Reichweite der Feldströme ist also weit geringer als die eines am Himmel sichtbaren Blitzes. Doch die Reichweite ist meist größer als angenommen wird. Dies erklärt Blitzverletzungen ohne direkten Einschlag. Man spricht dann davon, dass man vom Blitz »gestreift« worden ist (siehe oben).

Zurück zur Gefahr der Kurzschlussbrücke. Die Feldströme nehmen bei ungleichmäßiger Felsoberfläche nicht den Umweg über diese Oberfläche, sondern den direkten Weg, wenn sich irgendetwas als direkter Weg, als so genannte Kurzschlussbrücke, anbietet. Befindet sich also eine Schutz suchende Person unter einem Überhang, in einer Nische oder an einem Höhleneingang, nehmen die Feldströme nicht den Umweg über den Fels, sondern den direkten Weg über die Person. Sie wird direkt vom Feldstrom getroffen (Zeichnung S. 45, links oben). Man soll sich deshalb bei Gewittergefahr nicht unter Überhängen, in Nischen und nicht am Eingang von Höhlen aufhalten. Auch am Höhlengrund soll man sich nicht befinden, sondern mitten in der Höhle. Und man muss für einen Abstand zum Höhlendach von wenigstens halber Körpergröße sorgen, indem man sich gegebenenfalls hinkauert und sich möglichst klein macht (Zeichnung S. 45, rechts oben). Eine Isoliermatte (aus Schaumstoff), wie sie sich für das Rasten eignet, kann sehr hilfreich sein. Wenn keine vorhanden ist, kann man sich auf einen kleinen Steinsockel setzen oder auf den Rucksack kauern. Gleiches gilt auch für Eingänge von Unterstandshütten und Biwakschachteln sowie deren Fenster. Auch hier kann der Mensch, wie Unfälle belegt haben, leicht zur Kurzschlussbrücke werden.

Der Mensch kann eine Kurzschlussbrücke bilden und so direkt getroffen werden.

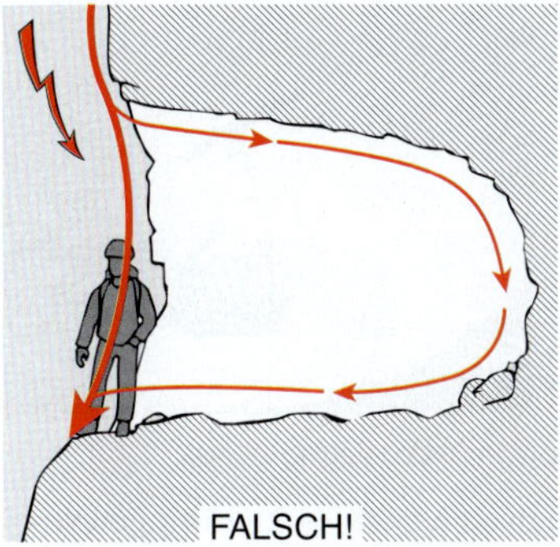

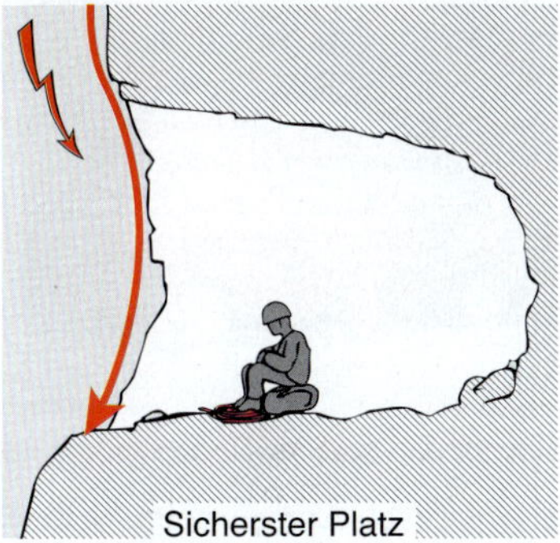

Am sichersten ist man im so genannten »Schattendreieck«, einem gedachten Dreieck mit etwa 15 Meter Seitenlänge, beginnend etwa zwei Meter von der Wand entfernt (Zeichnung links unten). Doch es widerstrebt den Menschen, sich sozusagen mitten in den Regen zu stellen; man wird instinktiv, aber fälschlich immer an der Felswand Schutz suchen. So muss man sich zum richtigen Verhalten regelrecht zwingen. Wenn möglich, sich abseits der Drahtseilsicherungen hinkauern (Zeichnung rechts unten). Die wenigen Ratschläge zeigen einmal mehr, dass der Gefahr auf Klettersteigen nur unvollkommen begegnet werden kann. Am besten dadurch, dass man bei Gewittergefahr Klettersteige grundsätzlich meidet,

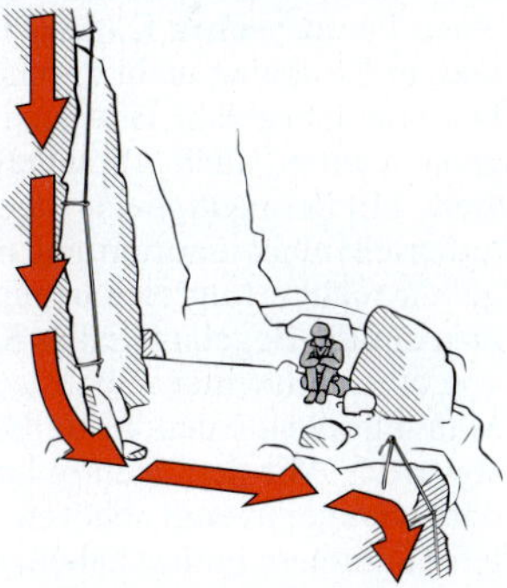

In Autos und Seilbahnkabinen ist man vor einem Blitzeinschlag sicher.

also gar nicht erst einsteigt. Schließlich ist jedes Gewitter mit Feuchtigkeitseinfluss verbunden, der jede Berg- und Klettertour um Grade unangenehmer macht.

Wer einen Blitzeinschlag überlebt hat, d.h. wer nur vom Blitz »gestreift« bzw. von Feldströmen getroffen worden ist (einen direkten Einschlag überlebt ein Mensch nicht), sollte man nicht versäumen, baldmöglichst, auf jeden Fall innerhalb von 24 Stunden, einen Arzt aufzusuchen. Dies vor allem in fortgeschrittenem Alter. Es können Herzrhythmusstörungen aufgetreten sein, die man selbst gar nicht so ohne weiteres spürt oder sonst wie erkennt.

In Autos, Campingbussen (ohne Stromverbindung zur Steckdose auf Campingplätzen) und in Seilbahnkabinen ist man vor einem Blitzeinschlag sicher. Die Karosserie bzw. das Äußere der Seilbahnkabine bilden einen Faradayschen Käfig (Physikunterricht), den der Blitz auch bei direktem Einschlag nicht durchdringen kann.

Der Gewittergefahr lässt sich anhand des Wetterberichts leicht vorbeugen. Gewitter, auch schon Gewitterneigungen, werden immer prognostiziert. Mit der heutigen 5-Tage-Prognose kann man, wenn man den Wetterbericht nicht ignoriert und nicht zu optimistisch interpretiert, der Blitzgefahr recht erfolgreich begegnen, und zwar ganz einfach dadurch, dass man auf die Begehung eines Klettersteiges verzichtet. So kann man nicht von einem Gewitter »überrascht« werden.

Man muss heute den Wetterbericht nicht mehr im Radio oder Fernsehen abwarten. Mit dem Handy kann man den Wetterbericht jederzeit mehr oder weniger überall abhören. Man sollte sich nur die entsprechenden Telefonnummern notiert haben, am besten mit Klebeband auf der Rückseite

des Handys. Hinweise zur Abdeckung des Alpenanteils mit den notwendigen Umsetzern durch die Netzbetreiber siehe im Kapitel »Handy am Berg« (Seite 52).
Abschließend einige Hinweise über die quantitative Gefahr, vom Blitz getroffen zu werden: Auf der ganzen Erde werden jährlich nur etwa 1000 Menschen vom Blitz erschlagen. Bei der Vielzahl der Menschen – inzwischen sind es sechs Milliarden – und bei der Vielzahl der Gewitter – ständig gehen auf unserer Erde etwa 2000 Gewitter nieder – ist dies eigentlich nicht besonders viel. Mathematiker haben anhand dieser Angaben berechnet, dass die Wahrscheinlichkeit, direkt vom Blitz getroffen zu werden (Feldströme also ausgenommen), nur dreimal so groß ist wie die Chance eines Lottogewinns in mehrerer Millionenhöhe.
Die Zahlen der alpinen Unfallstatistiken bestätigen diese Angaben. Während der letzten 30 Jahre sind in der DAV-Unfallstatistik jährlich null bis maximal vier Blitzunfälle angeführt (ohne Unterscheidung zwischen direkt und nur von Feldströmen Getroffenen); das sind 0–1% aller Unfälle von DAV-Mitgliedern am Berg.

Alle über ihre Umgebung herausragenden Punkte sind blitzschlaggefährdet, so insbesondere auch Gipfelkreuze.

Mit Kindern

Die Erwachsenen, gegebenenfalls die Eltern, tragen die Verantwortung wie bei jeder Freizeit- und Sportbetätigung mit Kindern. Den Erwachsenen bzw. Eltern obliegt die Garantenstellung *) von Gesetzes wegen; also auch, wenn sie davon gar nichts wissen oder dies nicht zur Kenntnis nehmen wollten.
Die Angabe eines Mindestalters für das Klettersteiggehen ließe sich nur ungenau machen, da eine Begehung von der Körpergröße (Arm-/Beinlänge) abhängt und von der Geschicklichkeit. Ein Versuch im Bereich des Einstiegs eines Klettersteiges oder an einem Übungsklettersteig zeigt sehr schnell, was im Bereich der Möglichkeiten liegt und offenbart das Talent/Untalent. Bei der Beurteilung sollten die Erwachsenen nicht zu optimistisch vorgehen und daran denken, dass Kinder eher ermüden als Erwachsene und dass sich die Begehungszeit erheblich vergrößern kann. Außerdem verlieren Kinder schon bei anfänglicher Erschöpfung die Freude, was zwangsläufig zu einer künftigen Abneigung gegenüber diesem Tun führt.
Kleinkinder in der Rucksacktrage gehören nicht auf einen Klettersteig. Die Gefahren durch Steinschlag oder bei einem Sturz wären exorbitant. Dagegen spricht nichts gegen die Mitnahme auf Wanderwegen, die gelegentlich mal durch ein Drahtseil etwas entschärft bzw. gesichert sind. Jedoch sind Höhenlage und Länge ausschlaggebend. Je größer die Meereshöhe und je länger der Weg oder Steig, desto schwieriger ist es und desto länger dauert es, bis im Ernstfall, beispielsweise bei Schlechtwettereinbruch, ein Kleinkind in Sicherheit gebracht ist (Wetterbericht zuvor einholen).
Wenn Kinder auf Klettersteige mitgenommen werden, dann müssen sie ausgerüstet und gesichert sein wie Erwachsene (Brust- und Sitzgurt oder Komplettgurt, Klettersteigset, nur die Y-Form ist anzuraten). Ein Helm

*) Garantenstellung = Verantwortung des Erfahreneren (hier Erwachsener) gegenüber weniger Erfahrenen (hier Kinder); darunter versteht man, dass der Erfahrenere dafür zu garantieren hat, dass den weniger Erfahrenen nicht mehr als den unausweichlichen Umständen Entsprechendes zustößt.

Rechts: Seilbrücke auf der Via ferrata du Baus de la Frema in den französischen Seealpen.

ist Pflicht (Garantenstellung). Auf jeden Fall sollte mit kürzeren und leichteren Klettersteigen begonnen und nur bei sicherem Wetter eingestiegen werden. So kann man sich Zeit lassen und beobachten, wie sich die Kinder anstellen. Gerade das Handling der für Kinderhände immer zu großen Karabiner ist schwierig (unbedingt vorher üben) und führt zu frühzeitiger Ermüdung der Finger-, Hand- und Unterarmmuskulatur. Nicht selten ist auch der Abstand zum Drahtseil sowie von einer Trittklammer zur nächsten für kürzere Kinderarme bzw. -beine zu groß, was ebenso zu Schwierigkeiten führt. Dann sollte ein Umkehren bzw. die Wahl eines leichteren Klettersteigs oder das Wiederkommen ein Jahr später in Betracht gezogen werden. Dann ist das Kind ein Jahr älter, es ist größer und alles fällt ihm leichter.
Es muss empfohlen werden, nur solche Klettersteige mit Kindern zu begehen, die wenigstens einer der Erwachsenen kennt. So lässt sich bei unterwegs auftretenden Schwierigkeiten leichter abschätzen, ob mit etwas Hilfe weitergegangen oder – wenn weitere schwierige oder sogar noch schwierigere Passagen, vor allem längeren Ausmaßes, folgen sollten – ob nicht doch umgekehrt werden soll.
Die Pflicht zur Umkehr besteht insbesondere, wenn Kinder sich fürchten, sei es vor der Ausgesetztheit, sei es vor der Anstrengung. Andererseits kann das erregende Erlebnis eines Klettersteiges auch ihre Begeisterung wecken. Man muss die Kinder nur die ersten Klettermeter und an allen schwierigeren Stellen beobachten, und man erkennt bei nicht zu optimistischer Beurteilung, was zu tun angeraten ist.
Auch Zu- und Abstieg, die bei vielen Klettersteigen nicht gerade kurz und harmlos sind, müssen bewältigt werden (wenn keine Seilbahn in der Nähe ist). Dies sollte unbedingt mit in die Überlegung und Planung hinsichtlich einer möglichen Überforderung einkalkuliert werden.
Auch wenn Kindern klar gemacht wurde, dass sie die Selbstsicherung immer am Drahtseil einzuhängen haben, müssen die Erwachsenen ständig ein wachsames Auge haben, ob die Kinder diese Anweisung auch wirklich jederzeit befolgen. Gerade Kinder sind gern nachlässig oder vergessen gar ganz einfach auf die Selbstsicherung, vielleicht auch bewusst, um zu zeigen, wie gut sie sind. Die Erwachsenen müssen ständig richtiggehend den Aufpasser spielen. Auch von Gesetzes wegen. Da sie das Kind/die Kinder in einen gesundheitsgefährdenden und lebensgefährlichen Bereich mitnehmen, müssen sie darauf achten, dass den Kindern nichts passiert (Garantenstellung). Kommt es zu einem ernsteren Unfall oder sonst-

wie gearteten Notfall, kann zum Schmerz der Eltern noch eine Anklage von Seiten des Staatsanwaltes hinzukommen.
Eine zusätzliche Sicherung mit einem kurzen Seilstück ist ratsam. Durchmesser nicht unter 9 mm (Halbseil), weil man andernfalls »zu wenig« in der Hand hat, um dem Kind auch einmal etwas Seilhilfe geben zu können. Länge nicht unter 10 Metern (zweimal 0,5 Meter gehen allein für die Knoten verloren). Auf diese Weise kann man das Kind immer unter Kontrolle haben. Bei Kindern, auch bei Heranwachsenden, muss immer mit fehlerhaftem Verhalten auf Klettersteigen gerechnet werden.
Diese »Leine« dient vorzugsweise auch zur Sicherung an Stellen und Passagen, wo kein Drahtseil oder sonstige Sicherungsanlagen vorhanden sind, insbesondere auch beim Zu- und Abstieg auf schmalen Wegen, auf Schneerinnen und Schneefeldern und in anderem Absturzgelände. Achtung: Bei kräftig gebauten Jugendlichen, deren Gewicht an das des Erwachsenen heranreicht (kräftiger Junge, zarte Mutter), besteht Mitreißgefahr, wenn der Jugendliche stürzt.
Wichtig: Die Erwachsenen bzw. Eltern, die Kinder mit auf einen Klettersteig nehmen, sollten bereits ausreichend Klettersteig- und Bergerfahrung besitzen.

Eine Klettersteigbegehung bei Schlechtwetter oder gar bei Wettersturz sollte man Kindern ersparen, hier auf der »Alpspitz-Ferrata« (Wetterstein) im Spätherbst.

Handy am Berg

Gegen die Verwendung eines Handys am Berg gibt es keine plausiblen Gründe einzuwenden, solange man es nur für Notfälle und zur Einholung des Wetterberichts benutzt, und nicht zur Mitteilung der Bergschönheit oder sonstigem Unwichtigen.
Heute werden bereits über 50% aller Notfälle am Berg per Handy gemeldet. Dies hat sich inzwischen auch in der Unfallstatistik niedergeschlagen. Während die Zahl der Unfälle in den letzten Jahrzehnten noch etwas zugenommen hat, hat sich die Zahl der tödlichen Unfälle verringert. Die erheblich kürzere Alarmierungszeit durch das Handy bedeutet schnellere Rettung. Und schnellere Rettung bedeutet höhere Überlebenschancen.
Natürlich sollte man auch wissen, wie man das Handy zu bedienen hat. Es sind Fälle bekannt geworden, bei denen der Verletzte, der das Handy mitführte und bedienen konnte, besinnungslos war. Sein Partner war mit dem Handy nicht vertraut und konnte es so nicht nutzen.
Ein Fall in den Tannheimer Bergen zeigt einmal mehr, wie hilfreich ein Handy sein kann. Zwei Skitourengeher waren in unsichtiges Wetter geraten und wussten nicht mehr ein noch aus. Mit dem Handy alarmierten sie die Bergrettung. Da die beiden aber ihren Standort nicht beschreiben

Die segensreiche Erfindung des Handys.

konnten, konnte die Bergrettung nicht ausrücken (Hubschraubereinsatz war wegen des unsichtigen Wetters nicht möglich). Doch durch die Handy-Verbindung konnte die Bergrettung den beiden immerhin Hinweise geben, wie sie sich zu verhalten haben, nämlich ein Schneeloch zu graben, dieses mit den Skiern abzudecken und darin Schutz zu suchen. Auf diese Weise konnten die beiden die Nacht bei einer Außentemperatur von -14 °C überstehen. Andernfalls dürften die beiden wenig Erfahrenen wohl kaum überlebt haben.
Im bayerischen Alpenanteil sind von den Netzbetreibern flächendeckend Umsetzer installiert, sodass von nahezu jeder Stelle mit einem Handy Verbindung aufgenommen werden kann. Sollte es nicht möglich sein, muss man seinen Standort etwas verändern. In den übrigen Teilen der Alpen ziehen die Netzbetreiber nach.
Eine Bitte der Bergrettungsstellen: Keine Testanrufe! Die Rettungsleitstellen können sich oft vor solchen Anrufen nicht retten und werden blockiert. **Wichtig: Telefonnummer merken! In ganz Europa: 112.** Wenn man sie nicht im Kopf hat, dann gemeinsam mit der Telefonnummer des Wetterdienstes auf Klebeband auf der Rückseite des Handys vermerken.
Wenn für den Wetterbericht von einer Hütte keine Verbindung zustande zu bringen ist, dann vielleicht auf dem Weg zum Einstieg. Oder man fragt den Hüttenwirt, der meist ein Radio und Fernsehen hat und der den Wetterbericht in der Regel hört und auch richtig zu interpretieren weiß.

Im Ernstfall sollte man die Rettungsnummer kennen und wissen, wie ein Handy zu bedienen ist.

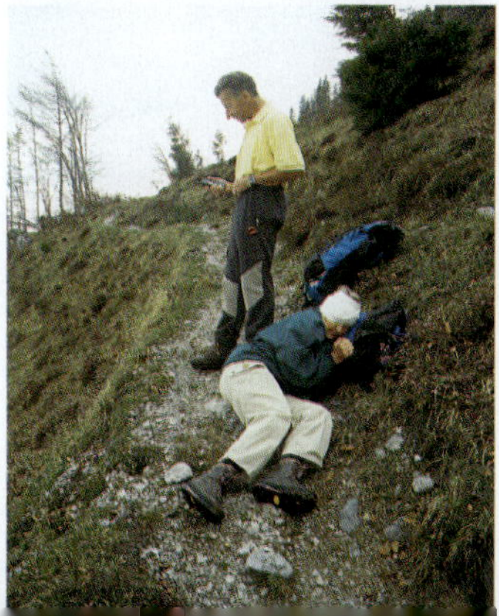

Körperliche Fitness

Zur Fitness ist nicht mehr zu beachten als für jede andere Berg- oder Klettertour auch. Je besser die Kondition, desto leichter tut man sich. An Empfehlungen können nur allgemein bekannte wiederholt werden:

- Das Geh- bzw. Steigtempo so wählen, dass man nicht, höchstens gelegentlich mal außer Atem kommt und durch den Mund atmen muss.
- Man soll sich immer noch mit einem Partner unterhalten können. Wenn man dies nicht mehr mag, geht man zu schnell; wenn man dies nicht mehr kann, geht man erheblich zu schnell. Dann spätestens muss das Tempo reduziert werden. Bei zu hohem Dauertempo verliert man auch die Fähigkeit, Gefahren zu erkennen und so rechtzeitig reagieren zu können.
- Keine plötzlichen Dauer-Höchstleistungen anstreben!

Wenn es zu einem Herz-Kreislauf-Versagen kommt (Männer sind erheblich gefährdeter als Frauen), dann sind weder der Berg noch der Klettersteig schuld daran. Es ist der Mensch bzw. dessen Gesundheitszustand. Denn der Betreffende würde den gleichen Infarkt erleiden, würde er statt den Klettersteig zu begehen eine Radtour oder irgendeine andere körperliche Betätigung gleicher Anstrengung ausüben.

Bei aufkommendem Gewitter (Ambosswolken) sollte man genügend Kraftreserven haben, um sich etwas schneller in Sicherheit bringen zu können.

Hier, in der großen Querung am Reinhard-Schiestl-Klettersteig am Burgstein im Ötztal, sollte einem die Armkraft nicht ausgehen.

Laut Prof. Dr. Martin Burtscher sind in Österreichs Bergen jährlich etwas mehr als 30% (!) aller tödlichen Vorfälle bzw. Unfälle auf Herz-Kreislauf-Versagen zurückzuführen. Unter Mitgliedern alpiner Vereine liegt die Quote erheblich niedriger, beim Deutschen Alpenverein (DAV) nur bei etwa 10%; dies dürfte darauf zurückzuführen sein, dass organisierte Bergsteiger eine Bergtour in der Regel in etwas besserer körperlicher Verfassung antreten als nicht organisierte, die nur mal am Sonntagnachmittag in Schlips und Kragen einen kurzen Spaziergang auf ebenem Gelände unternehmen.

Bei Verdacht auf ein Herz-Kreislauf-Versagen den Betreffenden mit leicht angehobenem Oberkörper auf dem Rücken lagern, warm einpacken und nicht allein lassen; jemand, der sich um ihn kümmert, vermittelt dem Geschwächten Zuversicht. Die Bergrettung muss alarmiert und der Verdacht auf Herz-Kreislauf-Versagen soll geäußert werden. Am schnellsten ist eine Alarmierung mit dem Handy möglich, sofern nicht Funkschatten auftreten. Dann muss man den Standort etwas ändern und erneut versuchen. Und man sollte die Rettungsnummer im Kopf oder mit Klebeband auf dem Handy notiert haben: 112 (in ganz Europa).

Wie sicher sind Klettersteige?

Der Eindruck, den so manche aufgespleißten Drahtseile und so manche wackeligen Verankerungen auf Klettersteigen vermitteln, legt die Vermutung nahe, dass die Zahl der Unfälle durch solchermaßen versagende Sicherungsanlagen recht hoch sein müsste. Dies ist glücklicherweise nicht der Fall. Im deutschen Sprachanteil des Alpenraums wird nicht einmal jedes Jahr ein Unfall bekannt (natürlich ist schon ein einziger Unfall ein Unfall zu viel). Die Mehrzahl der Unfälle ereignet sich nach wie vor durch Nichtverwendung oder durch unsachgemäße Verwendung der Sicherungsausrüstung.

Für Wege und Steige – dazu zählen auch Klettersteige – besteht eine Verkehrssicherungspflicht (= Pflicht der Erbauer/Erhalter, den Weg, Steig oder Klettersteig so instand zu halten, dass einem Begeher bei bestimmungsgemäßer Benutzung nichts Ernsteres als den unausweichlichen Umständen Entsprechendes zustößt).

In Österreich ist diese Verkehrssicherungspflicht allerdings eingeschränkt. Der Erbauer/Erhalter eines Klettersteigs bzw. einer Wegsicherungsanlage ist nur noch dann haftbar, wenn ihm »grobe«, nicht mehr nur »einfache« Fahrlässigkeit nachgewiesen werden kann. In Deutschland gibt es diese Einschränkung nicht (bei einem Unfall aufgrund versagender Sicherungsanlagen ist der Errichter/Erhalter leichter in die Pflicht zu nehmen als in Österreich).

Die Erbauer/Erhalter der Wege, Steige und Klettersteige sind vielfach die Alpenvereinssektionen als Erhalter des alpinen Wegenetzes (natürlich nur der Wege, Steige und Klettersteige, die von ihnen angelegt wurden). Neuerdings aber sind auch Seilbahngesellschaften und Kommunen (siehe oben) die Errichter/Erhalter, die sich durch die Errichtung eines Klettersteigs in ihrem Einzugsbereich eine Verkehrsbelebung und damit einen wirtschaftlichen Gewinn erwarten.

In der Rechtsprechung wird auch zwischen beiden Interessen unterschieden: Bei wirtschaftlichen Interessen werden schärfere Maßstäbe angelegt als bei altruistischen Beweggründen; deshalb sind die von Seilbahngesellschaften und Kommunen angelegten Klettersteige auch meist besser in Schuss.

Links: Typischer Schrott, der auf verschiedenen Klettersteigen angetroffen wurde (keine mit wirtschaftlichen Interessen errichteten Klettersteige).

Eine der häufigsten Beschädigungen, die man auf Klettersteigen antrifft, sind aufgespleißte Drahtseile. Sie stellen hinsichtlich ihrer verringerten Bruchkraft in der Regel noch keine Gefahr dar, sofern noch genügend intakte Litzen bzw. Drähte vorhanden sind; die Drahtseile sind weit überdimensioniert.
Solche Drahtseilstellen findet man meist mit Klebeband umwickelt. Dies ist mit den besten Absichten geschehen: Die Begeher sollen sich nicht verletzen können – doch es ist falsch! Das Klebeband hält die Feuchtigkeit, die zu intensiver Korrosion unter dem Klebeband führt. Dies bis hin zum Bruch bei Belastung mit Handkraft (ein tödlicher Unfall hat diese Gefahr ans Tageslicht gebracht). Das Gefährliche an solch einem Klebeband ist vor allem die Tatsache, dass man das Ausmaß der Korrosion nicht erkennen, ja nicht einmal erahnen kann. Das Klebeband vermittelt eher den Eindruck, dass sich jemand um die Überprüfung der Sicherungsanlage gekümmert und alles überprüft hat, sodass kein Anlass zu irgendeiner Sorge bestünde.
Deshalb Drahtseile mit Klebebandumwicklung, sofern man letztere aus der Entfernung ausmachen kann, möglichst nicht oder wenigstens möglichst wenig belasten. Und man sollte die Mühe nicht scheuen, das Klebeband zu entfernen (besser, jemand verletzt sich an der Hand als dass er durch einen durch Korrosion erzeugten Drahtseilbruch abstürzt). Zweckmäßigerweise trägt man Handschuhe! Sie schützen vor Verletzungen.

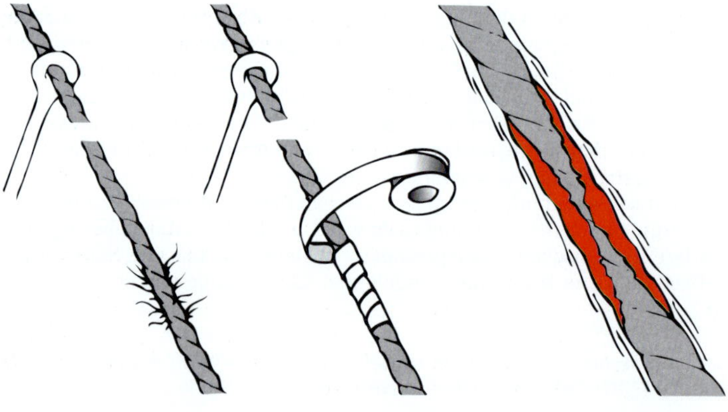

Nicht ausrottbar – es gibt wohl kaum einen Klettersteig ohne Klebeband.

Wie soll man sich sonst noch an Sicherungsanlagen verhalten, die keinen besonders Vertrauen erweckenden Eindruck machen? – Viele Möglichkeiten gibt es nicht.

- Auf jeden Fall nicht blindlings jedem Sicherungsmittel vertrauen. Baumelt schon das erste Drahtseil lose herum und ist es möglicherweise noch mit Klebeband umwickelt, dann dürfte es weiter höher kaum besser sein. Ein Umkehren sollte in Betracht gezogen werden. – Allerdings ist eine solche Empfehlung etwas realitätsfremd, denn ein Großteil aller Wegsicherungsanlagen und Klettersteige weist solche Mängel auf. Und glücklicherweise ist die Anzahl an Unfällen relativ gering (siehe oben). – Lediglich die neueren Klettersteige, die mit wirtschaftlichen Hintergründen von Seilbahngesellschaften und Kommunen errichtet wurden, sind in einem überwiegend einwandfreien Zustand. Ihre Anzahl in Deutschland und Österreich ist noch gering. In der Schweiz und in Frankreich dagegen sind alle Klettersteige in überwiegend einwandfreiem Zustand, weil sie relativ neu sind; früher gab es gar keine.
- Will man nicht umkehren, dann sollte man die desolaten Sicherungsmittel nur möglichst wenig belasten. Oft reicht geringe Handkraft, um das Gleichgewicht zu stabilisieren. Das hält meist auch ein beschädigtes Sicherungsmittel noch aus.

An Einstiegen von Klettersteigen, insbesondere in den Dolomiten, findet man häufig ein mehrsprachiges Schild mit Hinweisen unter anderem darauf, wie man sich auf dem Klettersteig verhalten soll. Das Bild unten zeigt ein solches Hinweisschild. Der erstaunte Betrachter muss lesen: »Bergsteiger – Prüfe die Fixseile und Leitern auf ihre Sicherheit, bevor du sie benutzt.« Man lasse sich von solchem Hinweis nicht ins Bockshorn jagen. Es ist glatter Nonsens.

Niemand kann über eine Distanz von einigen Metern, ja nicht einmal über einen Meter feststellen, ob ein Drahtseil oder eine Leiter oder eine Brücke oder welche Sicherungsanlage auch immer sicher verankert ist oder nicht. Dies schon gar nicht bei unsichtigem Wetter, in der Dämmerung (Verspätung), wenn sich die Verankerung hinter einer Felskante befindet oder sich aus anderen Gründen dem Blick des Begehers entzieht. Man könnte dies nur durch eine Zugprobe mittels Handkraft versuchen und bei »positivem« Ergebnis durch den Gleichgewichtsverlust abstürzen. Denn Sicherungsanlagen befinden sich immer nur im Absturzgelände, wo ein Verlust des Gleichgewichts ohne Einfluss von außen und ohne glückliche Umstände unweigerlich zum Absturz führt.

»Versuch und Irrtum« – das kann auf ausgesetzten Wegen, Steigen und insbesondere auf Klettersteigen ins Auge gehen und ist deshalb niemandem zuzumuten. Dieses Problem ist noch nicht ausjudiziert.

In vier Sprachen – jedoch Nonsens und noch nicht ausjudiziert.

Wer wollte allein durch Augenschein beurteilen können, ob diese beiden Verankerungen ausreichend sicher sind?

Man mache einen Versuch: Man stelle sich bei der Begehung eines Klettersteigs oder auch nur eines ausgesetzten Weges mit Sicherungsanlagen an verschiedenen Stellen immer wieder einmal vor, was passiert, wenn man diese oder jene Sicherungsanlage prüfen will, indem man sie durch Handkraft belastet und diese dann nicht standhält. Man wird zu der er-

Hier sollte man nicht daran denken, dass eine Verankerung möglicherweise nicht sicher genug sein könnte.

nüchternden Erkenntnis kommen, dass man nahezu jedes Mal abstürzen dürfte. Allein dieses Gedankenexperiment müsste für die Juristen erkenntlich machen, dass es so nicht geht.
Außerdem würde durch das ständige Prüfen und Abschätzen, ob ein Sicherungsmittel bei Belastung halten oder zu Bruch gehen kann, so viel Zeit verloren gehen, dass sich die Begehungszeiten sicher verdoppeln bis verdreifachen würden.
Bei nachgewiesener, vernachlässigter Verkehrssicherungspflicht (in Österreich nur bei grobem Verstoß) ist der Erbauer/Erhalter zwar schadenersatzpflichtig, fragt sich nur, ob dies dem Abgestürzten noch etwas hilft (Fälle von Renten- oder Hinterbliebenenrentenforderung sind noch nicht bekannt geworden).
Seilklemmen müssen sein (um die Drahtseile sicher an den Verankerungen befestigen zu können). Wenn die überstehenden Gewindeenden so angebracht sind, dass sie zum Begeher zeigen (nicht zum Fels), stellen sie bei Sturz eine beachtliche Verletzungsgefahr dar. Auf einigen wenigen der neueren Klettersteige (z.B. Fernau-Klettersteig am Egesengrat im Stubai) sind die Gewindeenden mit Hutmuttern fachgerecht abgesichert. Auf allen Klettersteigen, wo dies nicht der Fall ist, empfiehlt es sich nicht, einen Sturz zu riskieren. Wenn ein Sturz nicht zu umgehen ist, ist die Gefahr quantitativ und qualitativ immer noch groß genug.

Gewindeenden wie Spieße.

Abgedeckt durch Hutmuttern.

Technische Weiterentwicklung

Die Technik steht nicht still. Die Entwicklung geht weiter. Was wird sich in naher Zukunft tun?

Es sind Bestrebungen im Gang, die Sicherungsanlagen von Klettersteigen zu normen. Erste Versuche gehen auf den DAV-Sicherheitskreis zurück, der im Auftrag des Bayerischen Staatsministeriums für Arbeit und Sozialordnung bereits Anfang der neunziger Jahre Empfehlungen für Sicherungsanlagen erarbeitet hat. Seitdem produzieren zwei Tiroler Firmen alles, was zur Installierung seilgesicherter Wege und Steige notwendig ist, nach diesen Empfehlungen und bieten dies auch an. Es ist also nicht mehr notwendig, irgendeinen Schrott, der sonst nicht mehr zu gebrauchen ist, im Gebirge als Klettersteigsicherung anzubringen. Inzwischen befasst sich auch die UIAA-Sicherheitskommission mit dem Problem der Normung, die neben der CEN-Kommission für die Normung der Bergsteiger- und Kletterausrüstung verantwortlich zeichnet. Was in dieser Richtung auch immer geschehen wird, zum Nachteil des Begehers wird es nicht sein. Die Klettersteige können nur sicherer werden.

Die Normenkommissionen von CEN und UIAA arbeiten darüber hinaus an verschiedenen Normergänzungen. So werden die Normen für Klettersteigbremsen in naher Zukunft durch drei zusätzliche Anforderungen ergänzt werden, die die Klettersteigbremsen noch sicherer machen:

- Die Klettersteigkarabiner werden künftig mit den Textilsträngen fest verbunden (eingenäht) sein; Knoten werden nicht mehr erlaubt sein, um einem selbsttätigen Knotenlösen vorzubeugen.
- Die Klettersteigkarabiner werden einer Biegebelastungsprüfung unterzogen, um nachzuweisen, dass sie bei Sturz, an der nächsten Verankerung auf Biegung belastet, ausreichende Festigkeit aufweisen.
- Das Gewicht von Kindern ist geringer als das von Erwachsenen. Da das Sturzabfangen für Kinder genauso körperschonend sein soll wie für Erwachsene, ist man derzeit bemüht, Klettersteigbremsen für Kinder zu entwickeln, die eine niedrigere Fangstoßkraft aufweisen.

Trotz aller Risiken, die die Begehung von Klettersteigen mit sich bringt, ist die Zahl der Unfälle im Verhältnis zu allen anderen Aktivitäten am Berg auffallend gering. Wer mit etwas Vorsicht, gepaart mit Umsicht und Erfahrung zu Werke geht, hat hohe Chancen, von allen Klettersteigbegehungen gesund und munter zurückzukehren.

Alpines Notsignal

Optisch oder akustisch (Blinkzeichen, Biwaksack ausfalten und wieder zusammenlegen, rufen, Trillerpfeife usw.).

Notsignal
- in regelmäßigen Abständen **sechsmal in der Minute,** also alle 12 Sekunden ein Zeichen,
- danach **eine Minute Pause,** worauf das **Notsignal wiederholt wird;** dann wieder Pause usw. usw.

Antwortsignal
- in regelmäßigen Abständen **dreimal in der Minute,** also alle 30 Sekunden ein Zeichen,
- danach **eine Minute Pause,** worauf das **Antwortsignal wiederholt wird,** usw. usw.

Arm- und Leuchtzeichen für die Verständigung mit Piloten von Luftfahrzeugen (wird auch ganz allgemein schon zur Verständigung benutzt):

Zeichen

- Beide Arme schräg hoch oder
- Leuchtzeichen jeder Farbe

Bedeutung

- **JA** auf abgeworfene Fragen
- **Hier landen**
- **Wir brauchen Hilfe**

Zeichen

- Linker Arm schräg hoch, rechter Arm schräg abwärts oder
- keine Leuchtzeichen

Bedeutung

- **NEIN** auf abgeworfene Fragen
- **Nicht landen**
- **Wir brauchen keine Hilfe**

Die Armzeichen leiten sich beim JA vom Y des englischen „YES“, bei NEIN vom N des „NO“ ab.

Sind Angaben über einen Unfall zu machen, so sollen sie kurz und exakt sein. Man präge sich das **„5-W-Schema“** ein:
- **WAS** ist geschehen? (Art des Unfalles, Anzahl der Verletzten)
- **WANN** war der Unfall?
- **WO** passierte der Unfall, wo ist der Verletzte? (Karte, Führer)
- **WER** ist verletzt, wer macht die Meldung? (Personalien)
- **WETTER** im Unfallgebiet? (Sichtweite)